I0022423

Rudolf Leonhard

Der Vollendung des deutschen bürgerlichen Gesetzbuches

Rudolf Leonhard

Der Vollendung des deutschen bürgerlichen Gesetzbuches

ISBN/EAN: 9783743365742

Hergestellt in Europa, USA, Kanada, Australien, Japan

Cover: Foto ©Suzi / pixelio.de

Manufactured and distributed by brebook publishing software
(www.brebook.com)

Rudolf Leonhard

Der Vollendung des deutschen bürgerlichen Gesetzbuches

Die Vollendung

des

Deutschen bürgerlichen Gesetzbuches.

Von

Dr. Rudolf Leonhard,

Professor in Breslau, Geheimer Justizrath.

Marburg.

N. G. Elwert'sche Verlagsbuchhandlung.

1897.

Sonderabdruck aus dem „Rechtsgeleerd Magazijn“.
Veröffentlicht mit Zustimmung der Verlags-buchhandlung dieser Zeitschrift
(de Erven F. Bohn zu Haarlem).

DIE VOLLENDUNG DES DEUTSCHEN BÜRGERLICHEN GESETZBUCHES,

Dr. RUDOLF LEONHARD,

Professor in Breslau (früher in Göttingen, Halle und Marburg), Geheimem Justizrath.

--- —

Die im *Rechtsgeleerd Magazijn* veröffentlichten Berichte über den ersten Entwurf des Deutschen bürgerlichen Gesetzbuches sind in den Niederlanden so freundlich aufgenommen worden, dass ihr Verfasser sich gern der Aufgabe unterzieht, die weiteren Schicksale dieses Werkes im Nachfolgenden darzustellen.

Sie haben sich in der Richtung fortbewegt, welche am Schlusse jener Berichte in Uebereinstimmung mit der Mehrzahl der Kritiken anempfohlen wurde. Man hat den Entwurf nicht preisgegeben, aber dennoch auf eine verbessernde Umarbeitung nicht verzichtet. Damals herrschte noch in weiten und einflussreichen Kreisen der Rechtsgelehrten die Ansicht, dass die erste Lesung des Werkes völlig verfehlt und als Ausgangspunkt weiterer Arbeiten unbrauchbar sei. Namentlich mochten die unausgesetzten Vorwürfe undeutscher Denkweise und „kapitalistischer" Herzlosigkeit, die immer wieder von beachtenswerther Seite erhoben wurden, manche Anhänger des Werkes einschüchtern und an der Richtigkeit ihres Urteils irre machen.

Ganz anders steht die Sache heutzutage. Mit einer grossen Mehrheit und nach einer Berathung, deren Kürze nicht ohne vielfachen Tadel geblieben ist, hat der Reichstag einen Gesetzbuchtext genehmigt, der in kurzer Zeit aus dem hart angefochtenen ersten Entwurfe herausgewachsen

1

war. Obwohl diese Annahme von einigen wichtigen Aenderungen begleitet wurde, so hat sie doch der Bundesrath genehmigt. Unter dem Datum des 18ten August 1896 ist das deutsche bürgerliche Gesetzbuch im Reichsgesetzblatte veröffentlicht worden.

Dass dies so gekommen ist, war vornehmlich eine Folge der Festigkeit, mit der die verbündeten Regierungen des Reiches im Feuer der Gegner des Werkes Stand hielten. Allen abfälligen Beurtheilungen zum Trotze beschloss der deutsche Bundesrath am 4ten December 1890, den ersten Entwurf einer neuen Lesung zu unterwerfen. Dies geschah im unerschütterlichen Glauben an die Richtigkeit der Arbeitsziele, die sich die Verfasser gesteckt hatten, an die Tüchtigkeit und die Gründlichkeit dieser Verfasser, schliesslich wohl auch in der Ueberzeugung, dass man das Streben nach Rechtseinigung auf keinen Fall im Sumpfe erfolgloser Vorarbeiten stecken lassen dürfe. Mit besonderer Schärfe äusserte diesen Gedanken bei einem Festmahle in Frankfurt a. M. [1] Windscheid, bekanntlich ein Hauptmitarbeiter am ersten Entwurfe: „Man bringe sich zum Bewusstsein, dass, wenn das Gesetzbuch auf Grund des vorliegenden Entwurfs nicht zu Stande kommt, es überhaupt nicht zu Stande kommt. Jeder andere Entwurf würde in der gleichen Weise angegriffen werden. Eine vollständige Einigung der Meinungen ist nicht zu erzielen. Jeder muss resigniren, damit endlich ein deutsches bürgerliches Gesetzbuch zu Stande komme". Dies entsprach den Ansichten weiter Kreise und war auch im Grossen und Ganzen durchaus richtig. Immerhin hatte dieser Gesichtspunkt glücklicher Weise kein so grosses Gewicht, um eine durchgreifende Aenderung des Werkes zu verhindern. Vielmehr gereicht es der zweiten Lesung des Entwurfes zum besondern Vorzuge, dass man bei ihr jeden Tadel der ersten ruhig prüfte und, wenn möglich, zu verwerthen suchte.

---

[1] *Berliner National-Zeitung* vom 17. Oct. '89, Nr. 569.

In der Beurtheilung des ersten Entwurfes waren uner-
wartete Gedankenströme aus der Tiefe der Juristenwelt
hervorgebrochen. Sie wurden nunmehr durch geschickte
Arbeiter in feste Bahnen geleitet, in denen sie dasselbe
Mühlwerk treiben mussten, das sie durch die Wucht
ihres Anpralles beinahe zerstört hatten. In emsiger Arbeit
wurde das neu entstandene Material gesichtet und geord-
net, um bei der Umgestaltung benützt zu werden. So ver-
wandelte man die grosse Menge der Rechtsgelehrten, von
denen die erste Ausarbeitung sich fern gehalten hatte,
auch ohne ihren Willen in Mitarbeiter des Gesetzgebungswerkes [1]. Eine „Zusammenstellung der gutachtlichen Aeus-
serungen" der Schriftsteller wurde vom Reichsjustizamte
im Jahre 1891 veröffentlicht. Auch die Gutachten der
Bundesregierungen über den Entwurf wurden im Reichsjustizamte zusammengestellt und als Manuscript (1891) ab-
gedruckt.

Bei dieser Rücksicht auf die Kritik wurde aber der erste
Entwurf als eine bereits gewonnene sichere Grundlage des
Neubaues festgehalten. Dies ermöglichte man insbesondere
durch die Zusammensetzung des Kreises, aus dessen Mitte
heraus die schwierige Aufgabe gelöst werden sollte. Man
übergab den Arbeitsstoff nicht einer völlig neuen Commission, sondern reformirte die alte an Haupt und Gliedern [2].
Der bisherige Leiter des Gesetzgebungswerkes, P a p e, war
gestorben, kurz nachdem es an das Tageslicht herausge-
treten war. Nunmehr kam der Vorsitz in der Gesetzgebungs-
Commission an den Leiter des Reichsjustizamtes, zunächst
den Staatssekretär Dr. B o s s e, der aus dieser Stellung
heraus an die Spitze des preussischen Ministeriums für

---

[1] Vgl. R e a t z, die Litteratur über den Entwurf eines bürg. G. B.
f. d. D. R., Leipzig 1895, S. 9.
[2] In dieser Hinsicht haben namentlich die Vorschläge Gierke's
(der Entwurf a. E.) Beachtung gefunden, so dass ein Hauptgegner des
Werkes mittelbar zu seinem Hauptförderer geworden ist. Vgl. R e a t z,
die Litteratur über den Entwurf u. s. w., Leipzig 1895, S. 7.

geistliche, Unterrichts- und Medizinalangelegenheiten trat, später an dessen Nachfolger Hanauer, von dem es auf den gegenwärtigen Staatssekretär Nieberding überging. Diesem war es beschieden, das Werk dem völligen Abschlusse entgegenzuführen.

Da somit der Vorsitz in der Commission mit der Leitung des Reichsjustizamtes verknüpft war und, wie erwähnt, zweimal einem Wechsel unterlag, so war die Stellvertretung des Vorsitzenden von besonderer Bedeutung. Sie fiel dem Geheimen Oberjustizrath Küntzel zu, der als Mitherausgeber der *Beiträge zur Erläuterung des deutschen Rechtes* in den weitesten Kreisen bekannt ist. Im Uebrigen bestand die Commission aus zehn ständigen und dreizehn nichtständigen Mitgliedern. Unter den ersteren befanden sich mehrere Mitglieder der alten Commission, namentlich der Geheime Justizrath Professor Dr. Planck, der Verfasser einer Vertheidigung des ersten Entwurfes [1]), der als Generalreferent durch eine ungewöhnliche Stärke des Gedächtnisses das was ihm an Sehkraft fehlt, in reichem Maasse ergänzt und sich durch die völlige geistige Beherrschung des gesammten gewaltigen Stoffes grosse Bewunderung erworben hat. Neben ihm gehörten auch der Tübinger Professor Mandry und der während der Berathungen zum Freiburger Professor ernannte Geheimrath Gebhard beiden Commissionen an.

Unter die nichtständigen Mitglieder waren auch Vertreter einflussreicher politischer Parteien aufgenommen worden, denen dadurch die Aufgabe zufiel, das werdende Werk im Voraus mit dem Reichstage in Fühlung zu bringen und dadurch die Annahme des Ganzen vorzubereiten. Ohne diese Maassregel würde der schnelle Verlauf, den die Reichstagsverhandlungen über den Entwurf genommen haben, völlig unverständlich sein. Auch Vertreter wichtiger Wirthschaftszweige wurden in diese Commission hineingezogen;

---

[1]) *Archiv f. d. civilistische Praxis*, Bd. 75, S. 327.

denn den Vorwurf der doctrinären Blindheit gegen die
wirthschaftlichen Bedürfnisse der Gegenwart, der über die
erste Lesung in so überreichem Maasse ausgeschüttet worden war, wollte man dieses Mal unter allen Umständen vermeiden. Insbesondere war es aber ein glücklicher Griff, bei
der Umgestaltung eines Werkes, dessen schwerfällige und
harte Ausdrucksweise selbst von seinen Freunden nicht ver-
theidigt werden konnte, einen Schriftsteller zuzuziehen,
der durch die Kunst einer glänzenden und fesselnden Dar-
stellungsart hervorragt, den Leipziger Professor R u d o l p h
S o h m. Er war es, der dann späterhin im Reichstage dem
Werke durch eine zündende Rede Bahn brach. Einige ge-
flügelte Worte dieser Ansprache sind in die weitesten Kreise
gedrungen, namentlich seine Vergleichung des bisherigen
aus lauter Lappen zusammengeflickten Rechtes Deutschlands mit einem Harlekinkleide. Dieses solle nunmehr ab-
gelegt und mit dem Königsgewande der Rechtseinheit vertauscht werden, das aus einem einzigen Stücke gearbeitet
sei [1].

Die Commission tagte vom Winter 1890 bis in den
Sommer des vorigen Jahres hinein. Ihre Protokolle, die
metallographirt worden sind, werden nicht geheim gehalten
und sollen sogar in den Buchhandel kommen, wie dies
mit dem Texte des neuen Entwurfes so bald als möglich
geschah [2]. Die einzelnen Bücher wurden nach ihrer Vollendung sogleich veröffentlicht und sind dann hinterher bei
einer Schlussredaktion nur noch in wenigen Punkten geändert worden. Auch über den Hauptinhalt der Berathungen liess man fortlaufende Berichte an die Oeffentlichkeit
gelangen, insbesondere finden sich solche in den erwähnten
Beiträgen zur Erläuterung des deutschen Rechtes und in C o n-
r a d s *Jahrbüchern für Nationalökonomie und Statistik.*

---

[1] Vgl. O e r t m a n n, *Archiv f. bürg. R.*, XI, S. 4 ff.
[2] Auch von einer Veröffentlichung der Vorberathungen des ersten
Entwurfs ist neuerdings in Zeitungen die Rede.

6

Der Bundesrath hat an die Vorlage, als sie an ihn ge-
langte, nur in wenigen Punkten Hand angelegt, namentlich das Vereinsrecht zu Gunsten der Staatsgewalt verschärft. Dadurch entstand die (im Buchhandel erschienene)
Reichstagsvorlage, die man in einer ungenauen Redeweise
zuweilen die dritte Lesung des Entwurfes nennt.

Die auffallende Zurückhaltung, mit der die juristische
Schriftstellerwelt diesen Umarbeitungen gegenüberstand,
wich sehr von dem Eifer ab, mit dem man sich der Beurtheilung des ersten Entwurfes zugewandt hatte. Man darf
dies nicht darauf zurückführen, dass fast niemand etwas
gegen das neue Werk einzuwenden hatte. In Wahrheit waren
es vorwiegend politische Erwägungen, die dieses Mal eine
gewisse Schweigsamkeit nach sich zogen. Die Freunde des
Werkes insbesondere scheuten sich davor, Erörterungen
anzuregen, durch die der Abschluss des Unternehmens
hätte verzögert werden können. Nur einige wenige beglei-
teten es — insbesondere auf Anregung des Deutschen
Juristentages — mit Verbesserungsvorschlägen [1].

Die unversöhnlichen Gegner des ersten Entwurfes gaben
ihre Sache verloren und beschränkten sich auf gelegentliche
scharfe Proteste gegen das Werk, das nach ihrer Meinung
unverbesserlich war und blieb. In diesem Sinne äusserte
sich namentlich Dernburg, sowohl in einer Rede im
preussischen Herrenhause, die namentlich das Familienrecht
des Entwurfes betraf, als auch in einer kurz vor dem Abschlusse des Werkes erschienenen kleinen Schrift [2]. Auch
Gierke hielt in einem knapp gefassten, aber überaus ge-

---

[1] Vgl. namentlich die Ausführungen von Hölder im *Archiv f. d.
civ. Praxis*, Bd. 80 über den allgemeinen Theil, von Bekker,
Jahrb. f. Dogmatik, XXXIV, S. 1 ff., von Strohal in den *Jahrb.
f. Dogm.* in Bd. 27 und den folgenden Bänden, Oertmann in
Schmoller's Jahrb. f. Gesetzgebung, Verwaltung u. Volkswirthschaft,
XIX, S. 29 ff. Vgl. auch die Gutachten so wie die Verhandlungen
des 22ten und des 23ten Deutschen Juristentages.

[2] *Persönliche Rechtsstellung nach dem bürgerlichen Gesetzbuche*,
Berlin 1896.

dankenreichen Büchlein dem Werke noch zu guter Letzt
ein förmliches Sündenregister vor [1]).

Eine leider nicht ganz vollständige Uebersicht über die
gesammte Litteratur des Entwurfes ist von Reatz (Justizrath, Rechtsanwalt in Giessen) verfasst [2]), demselben Schriftsteller, der in Carl Heymanns Verlag eine überaus lehrrei-
che Gegenüberstellung der ersten und der zweiten Lesung
herausgegeben hat [3]). Mühlbrecht, *Die Litteratur des
Entw.*, (Berlin 1892, Puttkammer & Mühlbrecht), veröffentlicht eine Zusammenstellung der Titel.

Ein gewisses Aufsehen erregten unter den Schriften, die
sich gegen den Entwurf kehrten, zwei gediegene Werke eines
jungen Gelehrten, der sich als Schüler des Berliner juristischen Seminars für Russen bekannte, v. Petrazycki [4]).
Seine Schriften verwerthen insbesondere die Ergebnisse
der neueren Volkswirthschaftslehre für die Auslegung des
corpus juris civilis und daneben, wie es scheint, mit minder grossem Glücke für die Gesetzgebungslehre.

Der Verfasser vermisst eine „Civilpolitik" als einen besonderen Zweig der Rechtswissenschaft, der sich auf die
politischen Grundgedanken richten solle, die der Gesetzgebung des Civilrechtes unterzulegen sind. Ob eine solche
Lücke wirklich vorhanden ist, mag füglich bezweifelt wer-

---

[1]) *Das Bürgerliche Gesetzbuch und der Deutsche Reichstag.* Sonderabdruck aus der *Täglichen Rundschau.* Berlin 1896.

[2]) Leipzig, Hinrichs, 1895, eine Beilage zum *Centralblatt für Rechtswissenschaft.*

[3]) Berlin, 1892 ff.

[4]) *Die Fruchtvertheilung beim Wechsel des Nutzungsberechtigten*,
Berlin, 1892. — *Die Lehre vom Einkommen*, 2 Bde., Berlin, 1893,
1895. Der Verfasser dieses Berichtes hat die eine dieser Schriften in
der *Zeitschrift der Savigny-Stiftung*, romanistische Abtheilung, Band
XIV, S. 275 ff., beurtheilt, die andere in den *Beiträgen zur Erläuterung des Deutschen Rechtes*, XXXVIII, 1894, S. 747 ff Gegen
Petrazycki vgl. namentlich R. Sohm, *über den Entwurf eines
bürgerlichen Gesetzbuchs für das Deutsche Reich in zweiter Lesung*,
in den *Beiträgen zur Erläuterung des Deutschen Rechts*, XXXIX,
S. 760 ff.

den, wenn man die Bände durchblättert, in denen der deutsche Juristentag zahllose Gesetzgebungsgutachten gesammelt hat. Bedenkt man ferner den ungeheueren Einfluss, den namentlich Rudolf v. Jhering auf die Denkweise der Jüngeren ausgeübt hat und dessen Grösse der oben erwähnte Staatsminister Dr. Bosse an Jhering's Grabe in einer Ansprache hervorhob, einen Einfluss, der in dem bekannten Worte gipfelt, dass „der Zweck der Schöpfer des Rechtes" sei, so werden wir doch wohl behaupten dürfen, dass eine „Civilpolitik" bei uns schon seit geraumer Zeit zu finden ist. Sogar in den Vorberathungen des ersten Entwurfes hatte die „Vorkommission ')" bestimmt, dass Zweifelsfragen in erster Linie nach Rücksicht des Bedürfnisses und der Zweckmässigkeit entschieden werden sollten. Eine vernünftige Civilpolitik kann sich freilich nur an bestimmte Staatswesen und Zeitpunkte anlehnen. Gesetzgebungsvorschläge für alle Zeiten würden allerdings nichts Neues sein, sondern nur ein Rückfall in einen allgemein preisgegebenen Grundirrthum naturrechtlicher Lehren. Was nun den Entwurf insbesondere betrifft, so hatten allerdings seine Motive trotz des erwähnten Grundsatzes der Vorkommission die Anlehnung an die besondern Eigenthümlichkeiten der deutschen Rechtsentwickelung ebenso vermissen lassen, wie die politische Denkweise. Man suchte dort vorwiegend die Vorschriften aus allgemeinen Obersätzen (Principien) zu begründen, ohne diese Ausgangspunkte selbst aus ihrer Vorgeschichte herzuleiten und zugleich ohne sie nach ihrer Gemeinnützigkeit zu prüfen und zu rechtfertigen. Im Grunde trifft dieser Vorwurf aber nicht den Gesetzestext, sondern nur seine Begründung, und ein Schluss aus deren Unzulänglichkeit auf den Werth des Vorschlages, der begründet werden sollte, ist kein zwingender. Auch ist dieser Vorwurf schon vor den Schriften v. Petrazycki's mehrfach geltend gemacht worden ').

') Vgl. Heatz, *Litteratur*, S. 5.
') Vgl. z. B. statt vieler E. Ehrlich (Privatdozent in Wien, jetzt Professor in Czernowitz) in der Zeitschrift: *Unsere Zeit*, Leipzig, Brock-

In einer Zeit, die an parlamentarischen Debatten so reich ist, wie die unsrige, musste in der That ein Entwurf auffallen dessen Begründung in der Regel darauf verzichtete, in der gewöhnten Art die voraussichtlichen Vortheile der in Aussicht genommenen Vorschriften gegen ihre Gefahren abzuwägen, wie das ja täglich bei sehr viel minder wichtigen Dingen zu geschehen pflegt. Mit der Hervorhebung dieses Mangels hat man übrigens keineswegs tauben Ohren gepredigt. Dies beweist die knapp gehaltene Denkschrift, die dem Reichstage zugleich mit der Vorlage des Gesetzbuchstextes zugegangen ist. Sie bezeugt im Vergleiche mit den fünf Bänden der „Motive" der ersten Lesung, dass in der zweiten Commission ein neuer „civilpolitischer" Wind geweht hat. Ueberall herrscht in ihr das Streben, für das Dargebotene praktisch-politische Gründe anzuführen: von irgend welchem Doktrinarismus zeigt sich kaum eine Spur. Wenn trotzdem die Ergebnisse dieser Arbeitsweise manchen, der gleichfalls nach praktisch-politischen Zielen strebt, nicht befriedigen, wie dies namentlich den Ansichten v. Petrazycki's gegenüber der Fall ist, so ist dies keineswegs verwunderlich. Von unzweifelhaften Ergebnissen kann nämlich bei dieser Methode noch weniger die Rede sein, als bei jeder andern. Nirgends gilt so klar, wie gerade auf dem Gebiete politischer Erwägungen, der Satz: „Quot capita, tot sensus". Die civilpolitische Methode verbürgt für sich allein also keineswegs die überzeugende Kraft ihrer Ergebnisse. Nur im Rahmen einer Darstellung des rechtsgeschichtlichen Entwickelungsganges lässt sie sich verwerthen [1]). Es ist daher sogar zweifelhaft, ob man nicht bei der zweiten Lesung politischen Zweckgedanken einen grösseren Einfluss eingeräumt hat, als zulässig

---

haus, 1890, S. 21 ff.: *Der Entw. eines bürg. Gesetzbuches und die socialpolitischen Bestrebungen der Gegenwart.* Vgl. hierzu auch Oertmann, *das bürg. Gesetzbuch im deutschen Reichstage*, im *Archiv f. bürg. R.*, XI, S. 4.

[1]) Der Verfasser hat dies näher ausgeführt in seiner Schrift: *Die Eideszuschiebung in Familienrechtsprocessen*, 1890, S. 1 ff. (*Festgaben der Juristischen Facultät zu Marburg für G. W. Wetzell*, S. 25 ff.).

war; denn die verwickelte Natur des Rechtslebens setzt
der Voraussicht eines jeden, auch des fähigsten Gesetzgebers
Schranken, die man in der Regel übersieht, wenn man
es unternimmt, die Folgen eines neuen Gesetzgebungsaktes
mit Sicherheit vorherzubestimmen. Jedenfalls hat die con-
servative Grundrichtung, die von der zweiten Lesung aus
der ersten übernommen wurde, die Verfasser davor be-
wahrt, allzu verwegene Sprünge in das Dunkele zu thun.
Immerhin hat aber die Commission trotzdem es nicht an
Kühnheit fehlen lassen und mit wichtigen Sätzen des ersten
Entwurfes in sehr vielen Punkten gründlich aufgeräumt.
Alles, was in dieser Hinsicht geschehen ist, kann hier nicht
mitgetheilt werden. Es sollen im Folgenden nur einige der
wichtigsten Neuerungen aufgezählt werden, die die zweite
Lesung von der ersten unterscheiden.

Am Geringfügigsten sind die Aenderungen des Systems.
Es erklärt sich dies daraus, dass ohne eine Anlehnung an
die Reihenfolge der Satzungen des ersten Entwurfs ein
Neubau, der auf dem alten Boden fusste, in so kurzer
Zeit nicht würde haben entstehen können. Wie das neue
bürgerliche Gesetzbuch der Wissenschaft so vieles vorbehalten
hat, so wird es auch dem weiteren Streben nach immer
vollkommeneren Anordnungsgruppen einen weiten Raum
übrig lassen. Dass seine eigene Anordnung von dem Uebli-
chen nur wenig abweicht, dies wird ihm den Anschluss an
die zur Zeit vorherrschende Denk- und Redeweise des
deutschen Juristenstandes erleichtern. Derartige Erwägungen
mögen es rechtfertigen, dass auch manchen unzweifelhaft
begründeten Besserungswünschen in systematischer Hinsicht
keine Rücksicht geschenkt worden ist. So finden wir z. B.
nach wie vor eine Reihe von Vorschriften, die sich zweifellos
nicht blos auf Forderungen, sondern auch auf dingliche
Ansprüche beziehen sollen, die sog. allgemeinen Sätze des
Obligationenrechts, nicht in dem ersten Buche, dem allgemeinen Theile, sondern in dem zweiten, dem Rechte der
Schuldverhältnisse, erwähnt, ja sie sind sogar noch enger

mit ihm verwoben worden, weil in diesem zweiten Buche
ein Gegensatz zwischen einem allgemeinen und einem besonderen Theile sich nicht mehr vorfindet; die einzelnen
Schuldverhältnisse bilden hier vielmehr den siebenten Abschnitt neben sechs anderen allgemeineren Inhaltes. Ge-
währleistung und Haftung für Mängel sind nicht mehr als
allgemeine Zweige behandelt, sondern zum Kaufe gestellt,
dessen Recht in dieser Beziehung in entsprechender Weise
auf ähnliche Verhältnisse angewendet werden soll (493).

Unter den einzelnen Schuldverhältnissen suchen wir noch
jetzt vergeblich (ebenso wie im ersten Buche) eine harmo-
nische Gliederung nach Haupt- und Unterabtheilungen. Als
Verbesserung mag es angesehen werden, dass die Haftung
aus unerlaubten Handlungen nicht mehr eine Enklave unter
den übrigen Schuldverhältnissen, sondern den letzten Titel
bildet (823—853).

Im Erbrechte haben mancherlei wichtige Umstellungen
stattgefunden. Namentlich hat man das gesetzliche Erbrecht vor das testamentarische gestellt (1924 ff.), ohne ihm
übrigens die Subsidiarität seiner Giltigkeit zu nehmen. Dies
war als sehr wichtig von verschiedenen Seiten verlangt
worden und man wird jedenfalls zugeben müssen, dass ein
Nachtheil daraus nicht entstehen kann, wenn man auch
mit dem Verfasser dieses Berichtes an der Nothwendigkeit
und der Zweckmässigkeit dieser Maassregel zweifeln sollte. —
Den Schluss des Ganzen bildet nunmehr der Erbschaftskauf
(2371 ff.), den das Erbrecht aus dem Rechte der Schuldverhältnisse zu sich hinübergezogen hat.

Mehr Anerkennung als die systematische Neubearbeitung
des ersten Entwurfs haben mit Recht die Verbesserungen
seiner Ausdrucksweise gefunden. Auf diesem Gebiete wird
freilich vielfach Unbilliges und Unmögliches verlangt. Eine
volksthümliche Redeweise hat auch die zweite Lesung nicht
erzielt. Eine solche würde nur dann erreichbar sein, wenn
das Volk genug Rechtskenntnisse besässe, um sich über die
verwickelten Verhältnisse des Rechtslebens sachgemäss und

fehlerfrei auszudrücken. Dies würde nur denkbar sein, wenn
die Volksbildung auf dem Rechtsgebiete ganz erheblich
über ihr jetziges Niveau hinausgehoben werden könnte. Zur
Zeit hat der Gesetzgeber oft nur die Wahl, die Gemeinverständlichkeit auf Kosten der Richtigkeit oder die Richtigkeit auf Kosten der Gemeinverständlichkeit zu bevorzugen. Mit
Recht hatte die Vorkommission [1] einen Mittelweg zwischen
einer gelehrten Geheimsprache und einer ungenauen Populari-
sirung der Rede verlangt. Die letztere war der ersten Commission nach der ihr innewohnenden Gewissenhaftigkeit, die an
Pedanterie streifte, so gefährlich erschienen, dass sich bei ihr
der alte Satz bewährte: *Incidit in Scyllam qui vult vitare Cha-
rybdim*. Die zweite Lesung hat nunmehr ihren Kurs erheblich mehr nach der Charybdis hinübergelenkt, ohne jedoch
völlig in sie hinein zu steuern.

Neben diesen Verbesserungen der Ausdrucksform weist
auch an vielen Stellen der Inhalt der zweiten Lesung Neuerungen auf. So ist namentlich durchweg das Gesetzbuch
von rein processrechtlichen Vorschriften gesäubert worden [2].
Die Reformen des Streitverfahrens, die durch das neue
Gesetzbuch nothwendig werden, sollen bei einer bevorstehen-
den Umarbeitung der Civilprocessordnung in diese einge-
schoben werden. Sie sind zugleich mit der Vorlage des
bürgerlichen Gesetzbuches als Anhang der beigefügten Denkschrift dem Reichstage mitgetheilt worden.

Sehr viel bedeutsamer als diese Lücken sind die Aenderungen, die der übrig gebliebene Text erfahren hat [3].

Gleich im Anfange der Arbeit bewies die Commission
ihre Thatkraft dadurch, dass sie die beiden ersten Para-
graphen des Entwurfes, die von der Analogie und dem
Gewohnheitsrechte handelten, mit fester Hand wegstrich,
ohne sie durch andere zu ersetzen.

---

[1] Reatz, *Litteratur*, S. 5.
[2] Im Einklange mit den Vorschlägen von O. Fischer, *Recht und
Rechtschutz*, Berlin 1889: 6. Heft der *Beiträge zur Erläuterung und
Beurtheilung des Entwurfs eines bürgerlichen Gesetzbuches f. d. D. R.*
[3] Die nachfolgenden Paragraphen-zahlen sind dem endgiltig fest-

Unter die Entmündigungsgründe ist neben Wahnsinn und Verschwendung auch die Trunksucht gestellt worden (6), eine Neuerung in der die sozial-demokratische Partei eine Härte gegen die unteren Volksklassen erblickt und gegen die sie im Reichstage einen erfolglosen Angriff gemacht hat.

Neu ist (12) der Privatrechtsschutz des sog. Namensrechtes, d. i. des Rechtes zum Gebrauche eines bestimmten Namens.

Weiterhin (18) ist der Nachweis geführt, dass es möglich ist, dem Todeserklärungsurteile eine rückwirkende (sog. deklaratorische) Kraft zu geben, ohne sie an ein bestimmtes Lebensalter anzuknüpfen.

Von besonderm Interesse sind die Vorschriften über das Vereinsrecht. Die Dürftigkeit der ersten Lesung, die auf diese Gebiete das Wichtigste dem Landesrechte überlassen hatte, rief einen Protest des 19ten Juristentages hervor. Hierauf stellte die zweite Lesung einen Entwurf her, der den Rechtsschutz der Vereine stark beschränkte[1]) und im Folgenden der Gegenstand mancher Abänderungsvorschläge wurde, bis schliesslich unter zwei Reichstagsparteien ein Compromiss zu Stande kam, das die Reichstagsvorlage im Sinne eines erhöhten Schutzes gegen das freie Belieben der Verwaltungsbehörden geändert hat (21 ff.). Der Grundgedanke des neuen Vereinsrechts ist das sog. System der Normativbestimmungen, nach bayerischem und sächsischem Vorbilde. Die wirthschaftlichen Vereine sollen nach besonderem Rechte behandelt werden, die andern durch Eintragung Rechtsfähigkeit erlangen. Bei politischen und religiösen Vereinen erhält die Verwaltung Gelegenheit, die Eintragung durch Einspruch zu hemmen.

Bei den Rechtsgeschäften hat man die negotia claudicantia der Minderjährigen (108 ff.) neu gestaltet, und zwar in

gestellten Texte des bürgerlichen Gesetzbuches entnommen.
[1]) Hierauf bezieht sich das Gutachten von Leonhard, *Verhandlungen des 23ten Juristentages*, I, S. 249 ff., und dessen Aufsatz in der *Deutschen Juristen-Zeitung*, Nr. 12, S. 227 ff.

einer verwickelten und deshalb wenig erfreulichen Weise.
Die Vorschriften über die sog. Willensmängel sind völlig neu
geregelt. Die erste Lesung stand gänzlich unter dem sog.
„Willensdogma", nach dem zu jedem Rechtsgeschäfte grundsätzlich der seinem Inhalte entsprechende innere Wille der
Betheiligten gehört. Die Verfasser der zweiten Lesung haben
sich nun allerdings nicht ausdrücklich zu dem entgegen-
gesetzten Grundsatze der sog. „Erklärungstheorie" bekannt,
jedoch eine Reihe von Vorschriften aufgestellt (116 ff.), die
sich am besten unter seiner stillschweigenden Voraussetzung
erklären und deuten lassen, z. B. den Satz, dass der Irrthum
nur ein Anfechtungs-, kein Nichtigkeitsgrund sein soll und
auch dies nur unter besonderen Bedingungen (119 ff.). Was
übrigens zu einem gültigen Vertragsschlusse für ein Thatbestand gehört, dies lässt die zweite Lesung dahingestellt
und beantwortet nur einige damit zusammenhängende
Fragen (145 ff.).

Grosse Schwierigkeiten entstehen der juristischen Terminologie aus der Gestaltung, die der Gegensatz zwischen
Nichtigkeit und Anfechtbarkeit im Gesetzbuche gewonnen
hat. Der gemeinsame Name für diese beiden Mängel: „Un-
giltigkeit" ist in der zweiten Lesung preisgegeben worden
(138 ff.), jedenfalls, weil ein anfechtbares Geschäft zunächst
gilt, bis man es anficht (allerdings nicht viel mehr, als
eine falsche Münze, deren Mangel man nicht sogleich erkennt).

Die erste Lesung hatte das „secum contrahere" als möglich anerkannt, d. h. einen Vertragsschluss, den eine einzige
Person zu Stande bringt, die dabei entweder die Stellvertreterin beider Parteien ist, oder als Stellvertreterin der
einen mit sich selbst als der andern das Geschäft abmacht.
Die zweite Lesung verwirft diese bedenkliche Vertragsform
(181) grundsätzlich, freilich, ohne sie für undenkbar zu
halten, weil sie da, wo es sich um Erfüllung von Verbind-
lichkeiten handelt, ausnahmsweise gelten soll.

Eine rühmliche Verallgemeinerungskunst bethätigt die
einheitliche Regelung der nachträglichen Convalescenz der

Rechtsgeschäfte statt der exceptio rei venditae et traditae
und verwandter Erscheinungen (185, 2).

Die kurze Verjährung der häufigen Ansprüche des Ver-
kehrslebens ist für die Forderungen der Kaufleute und ähnlicher Personen dann ausgeschlossen worden, wenn die
Leistung den Gewerbebetrieb des Schuldners betrifft (196, 1).
Damit ist anerkannt, dass bei Kaufleuten ein längerer Credit nur den Kunden gegenüber unerwünscht ist, nicht aber
gegenüber andern Geschäftstreibenden, ein Grundsatz der
den Kleinbetrieb zu kräftigen geeignet ist.

Die Sachbeschädigung wegen Nothstandes wird grundsätzlich nur gestattet, wenn der Schaden nicht ausser Ver-
hältniss zu der Gefahr steht (228). Neben der unbedingt
gestatteten Rechtsverletzung wegen Nothstandes kennt die
sog. dritte Lesung auch noch eine solche, die gegen Ent-
schädigung erlaubt sein soll (904).

Zu den Vorschriften, die im allgemeinen Theile wegge-
strichen worden sind, gehört auch die mehrfach angefochtene althergebrachte Bestimmung der Fahrlässigkeit nach
der fehlenden Sorgfalt eines ordentlichen Hausvaters. Man
hat nunmehr auf eine Begriffsbestimmung der Schuld gänzlich verzichtet (vgl. jedoch auch 276).

Bei den allgemeinen Vorschriften über Schuldverhältnisse
ist es schwer von den bewährten römischen Grundsätzen
abzuweichen, ohne den Rechtszustand zu verschlechtern.
Darum liess sich auch hier an der ersten Lesung nicht viel
ändern. Neu ist insbesondere die Befugniss des Richters,
übermässige Conventionalstrafen zu mildern (343), entsprechend einem Juristentagsbeschlusse, die Wiederzulas-
sung des im ersten Entwurfe aus doctrinären Gründen verworfenen pactum de non cedendo (399), die Haftung
mehrerer aus einem gemeinsamen Versprechen als Gesammtschuldner (427), ein Sieg des strengeren preussischen
Landrechts über das mildere römische, ferner eine nicht
unbedenkliche Aenderung der Vorschriften über den Ver-
zug bei Gesammtschuldverhältnissen (424, 429, 1), auch

die Anerkennung des gegenseitigen Regressanspruches der Gesammtschuldner, die aus einem vorsätzlichen Unrechte haften (426).

Die Vorschriften der ersten Lesung über den Kauf sind vielfach angefochten, aber dennoch im Grossen und Ganzen beibehalten worden. Vereinfacht sind die Vorbedingungen eines Evictionsrückgriffes (440). Auch die von mehreren Seiten angegriffenen Grundsätze des ersten Entwurfes über Viehmängel (481 ff.) haben nur in untergeordneten Punkten eine Abänderung erfahren.

Dem Schenker wird das beneficium competentiae, das dem ersten Entwurfe fremd war, zurückgegeben (519), ja es wird sogar nach einem Beschlusse der Reichstagscommission dem verarmten Geber eines Geschenkes ein Rückforderungsrecht gewährt (528). Die Widerrufsgründe wegen Undankes des Beschenkten sind mit Glück in die allgemeine Formel einer „schweren Verfehlung gegen den Schenker oder dessen nahe Angehörige" gebracht worden (530).

Auf dem Gebiete des Miethsvertrages ist der gemeinrechtliche Satz „Kauf bricht Miethe", dessen Beibehaltung viel Unwillen erregt hatte, den abweichenden Grundsätzen des preussischen Rechtes gewichen (571 ff.). Indem ferner die zweite Lesung die wissentliche Miethe einer gesundheitsgefährlichen Wohnung für auflösbar erklärte (544), folgte sie Rücksichten der Menschlichkeit, die von der Kritik geltend gemacht worden waren. Dies wird namentlich verhindern, dass Miether durch die Geringfügigkeit des Miethszinses sich zum Austrocknen feuchter Wohnungen verleiten lassen.

Beim Darlehen ist die Kündigungsfrist geändert worden (609).

Der Dienstvertrag, dessen dürftige Behandlung in dem ersten Entwurfe als „unsozial" vielen Tadel erfahren hatte, ist in der zweiten Lesung etwas eingehender geregelt worden (611 ff.) [1], ohne dass es jedoch gelungen ist, die

---

[1] Vgl. hierzu Lotmar, in Brauns *Archiv f. soziale Gesetzgebung*, VIII S. 1 ff.

landesrechtlichen Gesindeordnungen durch Reichsrecht zu
ersetzen (Einf. Ges., Art. 95). Nur die Anwendung einzelner
reichsrechtlicher Vorschriften auf das Gesinderecht ist gesichert, auch vom Reichstage das Züchtigungsrecht gegenüber dem Gesinde für ganz Deutschland beseitigt worden
(Art. 95). Ein durchgreifender und weitgehender Schutz
sichert die Dienstboten gegen die Gefahren die ihnen aus
gefährlichen Wohnräumen, Werkzeugen oder sonstigen Vor-
richtungen erwachsen (618) [1], ein ausserordentlicher Fort-
schritt in der Fürsorge des Gesetzgebers für den vierten
Stand.

Der Werkvertrag über einen vom Werkmeister zu liefern-
den Stoff, den die erste Lesung mit dem römischen
Rechte als Kauf ansah, ist jetzt in einer überaus verwickelten und unübersichtlichen Bestimmung bei nicht ver-
tretbaren Sachen gewissen Vorschriften des Werkvertrags-
rechtes unterstellt worden (651).

Während nach römischem Rechte der Auftrag (mandatum)
ebenso unentgeltlich ist wie die Leihe, hatte der erste
Entwurf eine Auftragsvergütung für möglich erachtet. Die
zweite kehrt zu dem römischen Grundsatze zurück, ja sie
geht in Uebereinstimmung mit der ersten insofern über das
römische Recht hinaus, als sie einen Unterschied zwischen
Lohn und Honorar, operae liberales und illiberales, nicht
kennt und das römische mandatum gegen Honorar einfach
als Dienst- oder Werkvertrag auffasst. In dem sehr heftigen
Widerspruche, der ohne Erfolg hiergegen in der Litteratur
und auch auf einem deutschen Aerztetage sich geltend
machte [2], traten die letzten Zuckungen eines absterbenden
Rechtszustandes zu Tage. So lange die höheren Dienste in
der Mehrzahl von Leuten besorgt wurden, die ihren Lebens-
unterhalt aus andern Quellen bezogen, war es möglich,
der Vornehmheit ihrer Leistung auch auf dem Rechtsge-

[1] In dieser Vorschrift zeigte sich der Einfluss von Menger, *das bürgerliche Recht und die besitzlosen Volksklassen*, 1890, S. 114 ff.
[2] Vgl. Reatz, *die zweite Lesung*, I, S. 288.

biete Rechnung zu tragen und die operae liberales als Ge-
fälligkeiten, sowie ihre Uebernahme als Mandatsvertrag zu
behandeln. Heutzutage würde es aber ein Danaergeschenk
für die Urheber der höheren Dienstleistungen sein, wenn
man z. B. den Grundsatz der freien beiderseitigen Künd-
barkeit auf ihre Verträge anwenden wollte. Nur in der
Festsetzung der gesetzlichen Kündigungsfristen finden wir
im bürgerlichen Gesetzbuche einen Unterschied zwischen
höheren und niederen Diensten (622, 627).

Das Streben der Gastwirthe, ihre ausnahmsweise ver-
schärfte Haltung für die eingebrachten Sachen der Gäste
von sich abzustreifen, hatte wenigstens den Erfolg, diese
Haftung bei Geld, Werthpapieren und Kostbarkeiten auf
den Betrag von eintausend Mark einzuschränken (702).

Auf dem Gebiete des Gesellschaftsvertrages (705 ff.) und
der ihm ähnlichen Gemeinschaftsverhältnisse (741 ff., vgl.
auch 1008 ff.) hat die germanistische Gegnerschaft wider
die Anwendung der römischen Rechtssätze einen grossen
Erfolg zu verzeichnen. In der That sind die Ziele unserer
Gesetzgebung, in deren Bereiche die Verbände der Klein-
kapitalisten viele dauernde Verkehrsbedürfnisse befriedigen,
nicht nach dem Vorbilde eines Weltreiches zu bemessen,
in dem in Folge der Sklavenwirthschaft nur das Gross-
capital zur Lösung der gleichen Aufgaben befähigt war.
Darum kommt für unser Gesellschaftsrecht nicht blos das
Wohl der Genossen in Betracht, dem das römische Recht
allerdings weit entgegenkommt, sondern auch das allgemeine Bedürfniss, gemeinnützige Gebilde, wie es die Ge-
sellschaften vielfach sind, gegen eine willkürliche Zerstörung
zu sichern. Hierauf beruht das von der zweiten Lesung
nach dem Vorbilde ähnlicher Grundsätze des preussischen
Landrechtes und des deutschen Handelsrechtes angenommene
System der gesammten Hand, das gegenüber dem Willen
und den Schicksalen der Einzelnen dem gemeinsamen Be-
triebe eine erhöhte Festigkeit gewährt, wie sie das römische
Recht noch nicht kannte.

Für zeitlich beschränkte Bürgschaften hat die zweite Lesung eine eigenthümliche Verlängerung über die bestimmte Zeit hinaus für nöthig erachtet (777).

Dem vielfach angefochtenen abstrakten Schuldversprechen hat der Entwurf, der es festgehalten hat, ein schriftliches Schuldanerkenntniss als Verpflichtungsgrund an die Seite gestellt (781).

Die Anweisung, die schon in dem ersten Entwurfe an eine Schriftform gebunden und zu einem formalistischen Seitenstücke des Wechsels gemacht worden war, ist in der zweiten auf Geld und vertretbare Sachen beschränkt, auch mit einem eigenartigen Uebertragungsgeschäfte ausgestattet worden, das Schriftlichkeit und Uebergabe der Anweisungsurkunde verlangt (792). Auf dem Gebiete der Inhaberpapiere ist dagegen der Formalismus der ersten Lesung gemindert worden. Der Anspruch, den sie begründen, soll nicht, wie dort bestimmt war, jedem Inhaber der Schuldverschreibung zustehen, sondern nur dem zur Verfügung über die Urkunde Berechtigten (793).

Die Auskunftsertheilung (in der ersten Lesung „Offenbarung" genannt) stand noch in der zweiten neben der Vorlegungspflicht als besonderes Schuldverhältniss. Die Reichstagsvorlage hat sie richtiger zu den allgemeinen Regeln über den Vertragsinhalt gestellt (260 ff.).

Für die conditiones sine causa ist in Uebereinstimmung mit einem mehrfach geäusserten Wunsche eine einfache Formel gefunden worden (812).

Bei der Haftung aus unerlaubten Handlungen hat sich dagegen die zweite Lesung bemüht, im Gegensatze zu der ersten die Vorbedingungen der Schadensersatzpflicht genauer zu specialisiren. Nur der vorsätzlich gegen die guten Sitten zugefügte Schaden muss unbedingt ersetzt werden (826, einen besondern Fall enthält 825). Bei fahrlässiger Schädigung soll dagegen nur gehaftet werden, wenn jemand den Körper, die Freiheit, ein bestimmtes Recht oder den Credit eines andern widerrechtlich geschädigt hat (823,

824). Auch der Zurechnungsunfähige soll für den von ihm
verursachten Schaden haften, sofern es „der Billigkeit" entspricht (829), eine Abschwächung einer ähnlichen bedenk-
lichen Vorschrift des preussischen Landrechts. Die franzö-
sischrechtliche aussercontractliche Haftung für Dienstge-
hülfen hat auf die zweite Lesung nur insofern einen Einfluss ausgeübt, als dem Herren bei den Uebelthaten der
Diener ein besonderer Entschuldigungsbeweis zugemuthet
wird, ohne dessen Führung sie haften sollen (831). Ein
ähnlicher Entschuldigungsbeweis war auch dem gestattet,
der ein Thier hält, das einen Menschen oder die Sache
eines andern beschädigt; der Reichstag hat jedoch diesen
Beweis abgeschnitten und eine unbedingte Haftung für derartige Schäden angeordnet (833).

Ausserordentlich bedeutsam ist die in der zweiten Lesung
angeordnete Haftung für Wildschäden, die bisher noch
nicht in ganz Deutschland gilt. Die Reichstagscommission
hat sie auf den von Fasanen und Hasen angerichteten
Schaden erweitert. Hinterher wurde sie aber wieder eingeschränkt, weil der Hasenschaden auf den Wunsch der
conservativen Partei ausser Betracht kommen musste, ein
Wunsch, dessen Nichterfüllung die Annahme des Gesetzbuches im Reichstage gefährdet haben würde (835). Neben
dem Reichsrechte ist für den Wildschadensersatz in mehreren Punkten das Landesrecht in Geltung geblieben (Art.
70, 71, Einführ. Gesetz).

Die Freiheit richterlicher Beamten von der Haftung für
Fahrlässigkeit in der Leitung oder Entscheidung einer Rechts-
sache soll nach der zweiten Lesung nicht gelten, falls die
Amtsausübung verzögert oder verweigert wird (839).

Neu ist die Gewährung eines Schadensersatzanspruches
für den Dienstherrn gegen den Uebelthäter, der seinen
Arbeiter dienstuntauglich gemacht hat (845).

Die actio de effusis et dejectis ist als nicht mehr
zeitgemäss gestrichen worden; wahrscheinlich ging man
davon aus, dass heutzutage in den Fällen, für die sie

gilt, die polizeiliche Aufklärung der Sachlage einen ver-
schärften Privatrechtsschutz in der Regel entbehrlich machen
werde.

Diesen tiefgreifenden Aenderungen des ersten Entwurfes
auf dem Gebiete der besonderen Schuldverhältnisse stehen
ähnliche Eingriffe im Sachenrechte nicht gegenüber. Für
diesen Rechtszweig, der namentlich bezüglich der Grundstücke sich an das neueste preussische Recht angelehnt
hatte, konnte der Vorwurf romanistischer Tendenzen nur
von völlig Unwissenden nachgesprochen werden. Wo man
auch hier einen allzu grossen Einfluss der Pandektendoktrin
zu erblicken glaubte, hat man durchgreifende Verbesserungen angestrebt. So ist namentlich eine besonders be-
achtenswerthe Neuschöpfung der zweiten Lesung der erste
Abschnitt des dritten Buches (854 ff.), der vom Besitze
handelt. Man nimmt an, dass hier Savigny's Lehre gänzlich preisgegeben worden sei [1]) und spendet der an ihre
Stelle getretenen neuen Theorie grosses Lob [2]). Allerdings
ist der Unterschied zwischen Besitzer und Inhaber, der sich
mit dem hergebrachten Gegensatze von possessor und detentor
deckt, weggefallen; der Ausdruck „Inhabung" ist der zweiten
Lesung fern geblieben. Freilich heisst es auch in ihr: „Wer
eine Sache als ihm gehörend besitzt, ist Eigenbesitzer"
(872). In diesen Satz dürfte der angeblich verworfene Besitz-
wille oder animus domini wieder durch eine Hinterthüre
eingeschlichen sein. Im Uebrigen ist 854, 1: „Der Besitz
einer Sache wird durch die Erlangung der thatsächlichen
Gewalt über die Sache erworben" eine Tautologie; denn
thatsächliche Gewalt und Besitz sind identisch. Worin sie
bestehen, diese Frage bleibt ebenso offen, wie die Frage
nach dem Thatbestande des Besitzverlustes und des Besitz-
erwerbes durch Stellvertreter und manches andere. Die
althergebrachten Anschauungen finden daher breite Lücken

---

[1]) Vgl. Bekker, Jahrb. f. Dogm., XXX S. 235 ff., XXXIV S. 1 ff.;
auch Strohal, ebenda, XXXI S. 1 ff.
[2]) Vgl. z. B. Reatz, Litteratur, S. 38.

vor, in die sie zur Ergänzung des Gesetzestextes werden
eintreten können. Endlich dürfte wohl in vielen Fällen der
Nichteigenbesitzer, der dem Eigenbesitzer als dem mittel-
baren Besitzer gegenübergestellt wird (868), von dem
detentor oder possessor alieno nomine nur dem Namen
nach verschieden sein. Allerdings kennt der Entwurf keinen
völlig abhängigen Besitzer in fremden Namen mehr [1]),
sondern nur solche, die, wie die Miether oder Niessbrau-
cher, blos theilweise abhängig sind. Die erste Lesung hatte
jedem Inhaber Besitzesschutz gewährt, auch dem völlig
abhängigen Diener eines fremden Besitzes. Der scharfe
Widerspruch gegen die voraussichtlichen Folgen eines derartigen Grundsatzes hat hier einem guten Gedanken
Bahn gebrochen. Der völlig abhängige Vertreter eines Be-
sitzherren soll weder den Namen eines Besitzers noch die
Besitzklagen haben (860), nur das Recht der Vertheidigung
des Besitzes durch Selbsthilfe ist ihm gewährt.

An der Spitze der allgemeinen Vorschriften über Sachenrechte an Grundstücken stand das sog. Consensprincip, d. h.
der Grundsatz, dass, um solche Rechte zu übertragen oder
hervorzurufen, ein *Vertrag* erforderlich sei. In Folge der
gegen diesen Grundsatz gerichteten Anfechtungen hat die
zweite Lesung an die Stelle des Vertrages eine „*Einigung*"
gesetzt (873, vgl. auch 1015). Damit weicht sie grundsätzlich von der gewöhnlichen Redeweise ab, die zwischen
Einigung und Vertragschluss einen Unterschied nicht macht.
Leider ist die Frage, worin das Unterscheidungsmerkmal
der beiden Begriffe in Zukunft zu sehen sein soll, un-
beantwortet geblieben. Sie ist um so wichtiger, als die
Vertauschung des Wortes Vertrag mit dem Worte Einigung
auch noch bei der Prioritätscession (880), bei der Auf-

---

[1]) Der glückliche Gedanke, dass das eigene Interesse auch zu dem
Besitze für andere gehört, der aber, der lediglich fremden Interessen
dient, überhaupt nicht besitzt, auch nicht für einen andern, ist namentlich von Reatz verfochten worden (*Gutachten aus dem Anwalt-
stande*, S. 747 ff.).

lassung (925) und bei der Uebertragung beweglicher Sachen (929) geschehen ist (vgl. auch den Begriff der Schenkung in 516) Auch hier ist für althergebrachte Zweifel ein breiter Raum gelassen, in dem sie in die Auslegung des neuen Gesetzbuches eindringen können, um so mehr als, wie schon erwähnt wurde, das Gesetzbuch den Thatbestand des Vertragschlusses nicht näher bestimmt.

Beachtenswerth ist ferner der neue Grundsatz (898), dass der Anspruch auf Grundbuchsberichtigung unverjährbar sein soll, eine Verstärkung der Zuverlässigkeit dieses Buches.

Schliesslich ist neben der Ersitzung des ersten Entwurfes eine ganz neue dreissigjährige Ersitzung geschaffen worden (900), die dem als Eigenthümer Eingetragenen zu Gute kommen soll.

Dem viel getadelten Rechte des Eigenthümers, über und unter seinem Grundstücke Verbietungsrechte auszuüben, ist eine vernünftige Schranke gesetzt worden (905).

Zu Gunsten der Grundstücke, die dem öffentlichen Gebrauche dienen, soll das Ueberfallsrecht keine Geltung haben (911).

Die Uebertragung der beweglichen Sachen soll durch Abtretung der rei vindicatio' ersetzt werden (931), eine Hinneigung zu der grundsätzlich verworfenen Eigenthumsübertragung durch blosse Abrede.

Eine durchgreifende Reform weist im Widerspruche mit den romanistischen Sätzen der ersten Lesung die Gestaltung des Eigenthumsanspruches auf. Die sog. probatio diabolica ist auch für die wahre Eigenthumsklage völlig verworfen; der ruhige Besitz giebt die Vermuthung des Eigenthums. Dass er abhanden gekommen ist, genügt zur Begründung der Eigenthumsklage. Neben dieser ist aber auch noch dem Besitzer als solchen ausser den Besitzklagen ein petitorischer Anspruch auf Rückgabe der abhanden gekommenen Sache gewährt (1007). Er setzt eine verbotene Eigenmacht des Verklagten, im Gegensatze zu den wahren Besitzklagen, nicht voraus und zeigt seinen petitorischen Charakter darin,

dass er die Einrede des eigenen Eigenthums dem Verklagten nicht abschneidet. Von der rei vindicatio unter-
scheidet er sich dagegen dadurch, dass bei ihm das Ab-
handenkommen der Sache vorausgesetzt und dafür andererseits dem Verklagten der Einwand, dass ein Dritter Eigenthümer sei, abgeschnitten wird. Dieses Rechtsmittel, das
offenbar deutschen Ursprunges ist, hat die römische actio
Publiciana völlig verschlungen, da diese viel weniger weit geht.

Im Pfandrechte ist die grosse Zahl verschiedener Grund-
stückspfänder nicht verringert sondern noch um eine Form
vermehrt worden. Die Rentenschulden, die im preussischen
Privatrechtsgebiete in der letzten Zeit sehr viel von sich
haben reden machen, sind als Unterart der Grundschuld
in das Gesetzbuch aufgenommen worden (§§ 1199 ff.).
Nach dem Einführungsgesetze (Art. 62) bleiben die Landes-
gesetze über Rentengüter bestehen. Einige eingreifende
Abänderungen, die im Uebrigen das Recht der Grund-
stückspfänder erfahren hat, sind nur im Rahmen einer
genauen Darstellung dieses Rechtszweiges verständlich [1].
Bemerkt soll nur werden, dass das vielfach angefochtene
Institut der Hypothek an eigener Sache nicht nur nicht
beschränkt, sondern sogar weitergebildet worden ist
(1177 u. a.).

Der hart angefochtene Anfangsparagraph des Familien-
rechtes in der ersten Lesung, nach dem „durch das Ver-
löbniss eine Verbindlichkeit der Verlobten zur Schliessung
der Ehe nicht begründet" wurde, ist dahin abgeschwächt,
dass aus einem Verlöbnisse nicht auf Eingehung der Ehe
geklagt werden soll (1297) [2]. Die Pflicht bei einem Verlöbnissbruche den Verletzten ihren Aufwand für die zu-
künftige Ehe zu ersetzen, ist auf angemessene Ausgaben
beschränkt worden (1298). Die unbescholtene Braut, die

[1] Eine solche giebt Hachenburg, *Beiträge zum Hypotheken- und
Grundschuldrechte des Entwurfs* usw., 1896.
[2] Das persönliche Eherecht des Entwurfs behandelt Leonhard,
Archiv für bürgerliches Recht, X, S. 1 ff.

ihre geschlechtliche Ehre dem Bräutigam preisgegeben hat,
soll beim Verlöbnissbruche eine Deflorationsklage haben
(1300), eine Vorschrift von der, hoffentlich ohne Grund,
ein Antrieb zur Unsittlichkeit befürchtet worden ist
Die Ehemündigkeit ist bei Männern von 20 Jahren auf
21 erhöht worden (1303). Die affinitas illegitima wurde als
Ehehinderniss anerkannt (1310, 2). Zur Trauung soll auch
eine Person befähigt sein, die von den Verlobten in Folge
öffentlicher Ausübung des Standesamts für zuständig gehalten wird, also gewisser Maassen ein putativer Standesbe-
amter (1319). Die Zuziehung der beiden Trauzeugen zur
Eheschliessung ist zwar auch noch in der zweiten Lesung
vorgeschrieben, aber keine Gilligkeitsbedingung mehr (1317,
1318). Die Anfechtbarkeit der Ehen wegen Irrthums wurde
in der zweiten Lesung erweitert, von der Reichstagscommission dagegen wieder erheblich eingeschränkt (1333, 1331),
wobei insbesondere ausdrücklich festgestellt worden ist, dass
eine Täuschung über die Vermögensverhältnisse zur Anfech-
tung der Ehe nicht berechtigen soll. In eigenartiger Weise
ist die Wiederverheirathung von Personen, deren Gatten vor
zehn Jahren für todt erklärt worden sind, aber dennoch
sich als lebend erweisen, beschränkt worden (1349), eine
Vorschrift, die den Verdacht erweckt, dass sie lediglich aus
der Scheu vor dem Vorwurfe der Unproductivität entstan-
den ist [1]).
Die Schwierigkeit des ehelichen Güterrechtes hatte dazu
Anlass gegeben, durch eine besondere Subcommission einen
Gegenentwurf anfertigen zu lassen, der die Hauptgrundzüge
der ersten Lesung unangetastet liess [2]).
Die kühne That der ersten Lesung, die räumlichen Ver-
schiedenheiten des deutschen ehelichen Güterrechtes einfach
wegzustreichen, hatte in erfreulicher Weise allgemeinen
Beifall gefunden, obwohl sie kurz vorher noch fast durch-

---

[1]) Ein Seitenstück enthält § 1324, 2.
[2]) Reatz, *die zweite Lesung*, II, S. 32, Anm. 1.

weg für unmöglich gegolten hatte. Ebenso hatte der Gedanke Mengers ¹), dass die Mannigfaltigkeit der Güterrechte lediglich eine Folge der wirthschaftlichen Bedürfnisse der verschiedenen Volksklassen sei, auch in der Commission Anklang gefunden ²).

Im Uebrigen machten sich aber gegenüber der ersten Lesung zwei entgegengesetzte Strömungen geltend. Die eine, die zunächst hervortrat, wurde namentlich von der germanistischen Wissenschaft geleitet. Sie betonte als ein Erforderniss alter Deutscher Sitte ein stärkeres Uebergewicht des Mannes über die Frau, als die erste Lesung es anerkannt hatte. Dem entsprechend wurde nunmehr der Grundsatz aufgestellt, dass der Mann das Frauengut selbständig und in eigenem Namen verwalten darf (1380). Den Vorschriften des Niessbrauchrechtes soll er nicht mehr unterliegen: eine Sicherstellungspflicht ist ihm nur bei erheblicher Gefährdung des Frauengutes auferlegt (1391). Güterrechtliche Ansprüche der Frau sollen in der Regel erst nach Auflösung der Ehe geltend gemacht werden können (1394). Mit dieser Schmälerung des Processrechtsschutzes hängen völlig neue Bestimmungen zusammen, die dem Vormundschaftsrichter einen bedeutenden Einfluss auf das eheliche Leben einräumen. Sowohl die Frau (1357, 2; 1402) als auch der Mann (1358, 1379, 1447) sollen unter Umständen den Richter zur Schlichtung ehelicher Zwistigkeiten anrufen können, eine Neuerung, die auf die Macht des Richteramtes nicht ohne erheblichen Einfluss sein wird und in gewissem Sinne eine Verstaatlichung des Familienlebens in sich schliesst.

Dem erwähnten Streben nach Kräftigung der vermögensrechtlichen Stellung des Ehemannes stand eine gerade entgegengesetzte gegenüber, die unter dem Namen der „Frauenbewegung" kurz vor dem Abschlusse des Gesetzgebungswerkes in überraschender Stärke hervortrat und in vielfacher

¹) A. a. O., S. 31 ff.
²) Heatz, a. a. O.

Hinsicht eine Besserung der rechtlichen Lage des weiblichen
Geschlechtes begehrte. Obwohl ihre Vorkämpfer sich starker
Uebertreibungen schuldig machten [1]), so lag doch in ihr
ein richtiger Kern. Wenn es z. B. in einer Eingabe an den
Reichstag hiess, dass das gesetzliche Güterrecht die Ehe zu
einer Erwerbsquelle für den Mann stemple, so ist dies insofern
nicht unrichtig, als der Mann in der Verwaltungsgemeinschaft
alles, was er aus den Einkünften des Frauengutes
erspart, für sich bei Seite legen darf und es der Frau
nicht zu ersetzen braucht. Anstatt sich auf diesen Punkt zu
beschränken, ging aber die Frauenbewegung viel weiter
und begehrte geradezu die Gütertrennung als gesetzlichen
Güterstand, obwohl diese Regelung der ehelichen Vermögensverhältnisse
den armen Mann einer reichen Frau in eine
unwürdige Lage herabdrückt, die der deutschen Sitte allerdings
nicht entspricht. Im Reichstage fand dieser Wunsch
von zwei Seiten Unterstützung, die sich vorher noch niemals
zusammengefunden hatten, von dem Hauptgegner der
sozialdemokratischen Partei Freiherrn von Stumm und
den Vertretern dieser Partei. Es hängt dies wohl damit
zusammen, dass in den obersten und in den untersten
Gesellschaftsschichten der Leichtsinn des Ehemannes dem
Frauengute besonders gefährlich wird, während die breite
Masse des nüchternen Mittelstandes des Schutzes, den die
Gütertrennung gegen diese Gefahr gewährt, weniger bedarf.
So erklärt sich auch der endgiltige Sieg der Verwaltungsgemeinschaft
über die Gütertrennung. Die Verwaltung und
Nutzniessung des Mannes soll den ordentlichen Güterstand
im Zweifel bilden (1363). Nur insofern ist die Gütertrennung
schon in der zweiten Lesung der ersten gegenüber
bevorzugt worden, als sie nunmehr zum subsidiären gesetzlichen
Güterstande erhoben worden ist (1426 ff.), wäh-

---

[1]) So ist z B die Darstellung des deutschen Familienlebens in der viel
verbreiteten Schrift von Bulling: *Die deutsche Frau und das bürgerliche
Gesetzbuch*, Berlin 1896, an mehreren Stellen nahezu ein Zerrbild.

rend der erste Entwurf in ihr nur einen vertragsmässigen
Güterstand sah [1]).

Die übrigen vertragsmässigen Güterstände sind in der
zweiten Lesung beibehalten und noch weiter ausgebildet
worden. So ist bei der Gütergemeinschaft dem ohne seine
Schuld geschiedenen Gatten ein erhöhter Schutz zu Theil
geworden (1478). Bei der communio bonorum prorogata
sollte nach der ersten Lesung die Analogie des Erbvertra-
ges angewendet werden. Die zweite hat dies beseitigt. In
der Behandlung der Errungenschaftsgemeinschaft (1519 ff.)
ist die Terminologie geändert worden. Die erste Lesung
unterschied Gesammtgut, Sondergut und Vorbehaltsgut der
Frau. Die Einkünfte des Sondergutes gehören zum Gesammt-
gute, die des Vorbehaltsgutes dagegen nicht (1526). Dieses
Sondergut heisst in der zweiten Lesung „eingebrachtes Gut",
wahrscheinlich deshalb, weil der Name Sondergut auch auf
das Vorbehaltsgut passen würde, von dem das eingebrachte
Gut unterschieden werden soll. Die Gemeinschaft des beweglichen Vermögens und der Errungenschaft ist a potiori „Fahr-
nissgemeinschaft" benannt worden (1549 ff.); das eherecht-
liche Register hat den Namen „Güterrechtsregister" erhal-
ten (1558 ff.).

Bedeutsamen Wandlungen und lebhaften Erörterungen
war das Scheidungsrecht des Entwurfes ausgesetzt. Die
zeitweilige Trennung von Tisch und Bett, die in der ersten
Lesung zugelassen war, wurde in der zweiten gestrichen
(1568). Allerdings kennt auch diese eine vorübergehende
Aufhebung der ehelichen Gemeinschaft wegen Missbrauches
der ehemännlichen Rechte an (1353, 1354). Schliesslich
wurde aber von der Reichstagscommission auf Antrag der
Conservativen und der Centrumspartei die endgiltige Trennung von Tisch und Bett, wie das canonische Recht sie
enthält, wiederhergestellt unter dem minder drastischen und

---

[1]) Die Agitation für die Gütertrennung wird übrigens auch nach der
Annahme des Gesetzbuchs von der Frauenbewegung fortgesetzt.

darum angemesseneren Namen einer „Aufhebung der ehelichen Gemeinschaft". Nach dem Satze: „In majori inest
minus" darf der zur Scheidungsklage Berechtigte sich mit
dem Antrage auf eine blosse Aufhebung der Gemeinschaft
begnügen (1575). Die daraus entstehende Trennung kann
aber hinterher von jedem Ehegatten bis zur völligen Schei-
dung gesteigert werden (1576).

Eine sehr lebhafte Bewegung erzeugte der von dem Strassburger Juristentage begünstigte Wunsch, die Geisteskrankheit als Scheidungsgrund anzuerkennen. In der ersten Lesung
war er unerfüllt geblieben, die zweite liess eine dreijährige
Geisteskrankheit, von der die geistige Gemeinschaft für immer zerstört wird, als Auflösungsgrund gelten. Der Reichstag verwarf dies zunächst, nahm es aber schliesslich doch
noch vor Thoresschluss auf den dringenden Wunsch der
Bundesregierungen an (1569). Eine Rolle spielte hierbei
nicht blos die irrige Meinung, dass die von einem derartigen Uebel Befallenen durchweg unempfindlich und be-
wusstlos seien, sondern auch die Erfahrung, dass in den
unteren Ständen die von den Geisteskranken getrennten
Gatten oftmals durch die Unmöglichkeit einer andern Heirath
dem Concubinate in die Hände getrieben werden, sowie die
Scheu vor der Fortpflanzung dieses vererblichen Uebels. Den
Rücksichten des Mitleids mit dem Kranken wurde wenigstens in soweit Rechnung getragen, als man dem wegen
Geisteskrankheit Geschiedenen dieselben Anrechte auf Unterhalt durch den Gatten gewährte, die dem aus andern Gründen unschuldig geschiedenen Gatten gegen den schuldigen
Ehegenossen gegeben sind (1583).

In den Vorschriften über Verwandtschaft hat man die
gesetzliche Empfängnisszeit bis zu dem dreihundert und
zweiten Tage vor der Geburt erhöht (1592, 1717). In der
ersten Lesung reichte sie nur bis zum dreihundertsten. Man
stützte sich bei dieser Aenderung auf eine Reihe von Er-
fahrungen.

Die rechtliche Stellung der ehelichen Kinder ist im Allgemeinen in der zweiten Lesung unverändert geblieben. Eine Ergänzung enthält der Grundsatz der väterlichen und der mütterlichen Aussteuerpflicht bei der Heirath der Tochter (1620 ff.). Im Uebrigen hat man diesen Rechtszweig hinsichtlich der väterlichen Pflichten gegenüber dem Kindesgute dem Vormundschaftsrechte grundsätzlich gleichgestellt (1630, 1642 ff.), hinsichtlich der Haftung des Vaters aus der Verwaltung dieses Vermögens aber der ehelichen Verwaltungsgemeinschaft (1654).

Die rechtliche Lage des unehelichen Kindes gegenüber seinem Erzenger (1705 ff.), die der Kritik und namentlich der Frauenbewegung nicht günstig genug zu sein schien, ist in mehrfacher Hinsicht verbessert worden, allerdings nicht in dem vollen Umfange, in dem es gewünscht worden war. Statt des nothdürftigen Lebensunterhaltes muss nach der zweiten Lesung dem Kinde ein der Lebensstellung der Mutter entsprechender Unterhalt gewährt werden, auch nicht blos bis zum vierzehnten, sondern bis zum sechszehnten Lebensjahre (1708), sogar unter Umständen noch darüber hinaus, und zwar in einer Rente, die für drei Monate vorauszuzahlen ist (1710) Schon vor der Geburt soll der Vater im Wege einstweiliger Verfügung belangt werden können (1716).

Auf dem Gebiete des Vormundschaftsrechtes hat die zweite Lesung erhebliche Neuerungen nicht vorgenommen.

Dagegen hat das Erbrecht in mehreren grundlegenden Punkten Aenderungen erfahren.

Als gesetzliche Erbfolgeordnung wurde ungeachtet des dagegen erhobenen Widerspruches die Linealerbfolge beibehalten. Den Ausdruck „Linie" hat jedoch die zweite Lesung mit „Ordnung" vertauscht. Während nun die erste Lesung die Linien in unbegrenzter Zahl zuliess, beschränkte sich die zweite auf vier Ordnungen, aus der fünften sollten nur Verwandte der aufsteigenden Linie berufen werden Ausserdem wurde auch für die dritte Ordnung die Stammeserbfolge eingeführt, bei der die Abkömmlinge an die Stelle

der Verstorbenen treten (1926, 1927), eine Erbfolge, die nach
der ersten Lesung ein Vorrecht der ersten beiden Linien
sein sollte, während in alle entfernteren der nähere Grad
den weiteren ausschloss. Der Reichstag hat diese Umgestaltung der dritten Ordnung bestehen lassen, im Uebrigen
aber die erste Lesung wiederhergestellt (1929), so dass die
entfernteren Verwandten, die man gemäss der zweiten Lesung als „lachende Erben" von dem Nachlasse hatte aus-
schliessen wollen, nun doch zuletzt das Feld behauptet haben.

Die begründete Erhebung einer Scheidungsklage soll dem
verklagten Gatten sein Erbrecht rauben (1933).

Der Ausdruck: „Annahme der Erbschaft", den die erste
Lesung vermieden hatte, ist wieder zu Ehren aufgenommen
worden, obwohl er zu dem unmittelbaren Anfalle der Erbschaft an den Erben (1942) nicht recht passt, da diesem Grundsatze zufolge die Annahme nichts anderes sein kann, als
ein ausdrücklicher oder stillschweigender Verzicht auf die
Ablehnung.

Eine durchgreifende Vereinfachung erfuhr das sog. „In-
ventarrecht" des Entwurfes, entsprechend einem einstim-
migen Beschlusse des Cölner Juristentages. Die erste Lesung
verstand darunter das Recht gefahrlosen Erbschaftserwerbes, das unter Umständen durch Errichtung eines Inventars
gewahrt werden musste und nach gemeinem Rechte überhaupt als beneficium inventarii von einer solchen Errichtung
abhängt. Der durch das veränderte Recht unpassend ge-
wordene Name des gefahrlosen Erbschaftserwerbes „Inven-
tarrecht" ist erst in der Schlussredaction der zweiten Lesung
gestrichen und demgemäss aus den Stellen des Gesetzbuches,
die ihn enthielten, überall ausgemerzt worden. Statt seiner
ist nunmehr (1975 ff.) von „beschränkter Haftung des Erben" die Rede, einer Benennung a potiori, die den vollen
Werth des gefahrlosen Erbschaftserwerbes nicht erschöpft
(vgl. z. B. 185, 2). Geblieben ist der Grundsatz, dass die beschränkte Haftung durch die Errichtung eines Inventars be-
dingt ist, sofern das Nachlassgericht eine solche begehrt

(1994). Im andern Falle ist dem Erben diese beschränkte
Haftung nicht ohne weiteres gegeben, wie dies der erste
Entwurf unter Gefährdung der Rechte der Gläubiger angenommen hatte. Vielmehr haben diese Rechte entsprechend
dem erwähnten Juristentagsbeschlusse einen erhöhten Schutz
gefunden. Um sich von den Folgen seiner unbeschränkten
Haftung zu befreien, muss der Erbe grundsätzlich die Nach-
lassmasse herausgeben, damit sie nach concursrechtlichen
Grundsätzen vertheilt werde. Dem Erben ist also das Recht
und die Pflicht, diese schwierige Vertheilung selbst vorzu-
nehmen, grundsätzlich genommen worden und damit ist auch
das verwickelte Recht der Abzugseinrede weggefallen, durch
die nach der ersten Lesung der Erbe sich die Schranken
einer concursrechtlichen Theilhaftung den Nachlassgläubi-
gern gegenüber sichern durfte. Andererseits ist (ebenfalls
im Einklange mit dem Juristentagsbeschlusse) dem Erben
die Möglichkeit gegeben, möglichst einen förmlichen Nach-
lassconcurs zu vermeiden. Dies soll er dadurch erreichen
können, dass er eine „Nachlasspflegschaft" einsetzen lässt,
also ein Liquidationsverfahren hervorruft, das keinen eigent-
lichen Concurs darstellt (1975). Auch da, wo die Kosten
eines derartigen Verfahrens aus der Masse nicht gedeckt
werden können (1990), soll sich der Erbe durch Heraus-
gabe der Masse zur Zwangsvollstreckung von weiterer Haftung befreien, also die Sorge für die richtige Vertheilung
der Masse von sich abwälzen können.

Diese Bedingungen, die dem Erben für den Erwerb einer
gefahrlosen Erbfolge gesetzt sind, gewähren den Gläubigern
eine Sicherheit für eine sachgemässe Vertheilung der Masse.
Die Gläubiger bedürfen aber auch noch eines Schutzes gegen
Schädigungen des Nachlassbestandes in der Zeit, bevor der
Erbe die Masse herausgiebt. Auch hierfür ist ihnen eine
Sicherung gegeben (1977 ff.); namentlich soll der Erbe
wegen verzögerter Concursanmeldung bei überschuldeter
Masse auf Schadensersatz haften (1980). Auch können die
Gläubiger, falls sie gefährdet sind, eine Nachlassverwal-

tung (1981). die Auflegung einer Inventarisationspflicht
(1994) oder bei Ueberschuldung der Masse den Nachlass-
concurs beantragen.

Endlich ist dem Erben zum Schutze gegen zudringliche
Gläubiger, die ihm keine Zeit lassen, sich über den Stand
der Masse zu unterrichten, ein Aufschub von drei Monaten
nach der Annahme gewährt, binnen deren sie die Berich-
tigung der Nachlassschulden verweigern dürfen (2014).

Es ist hiernach ein neues, wohldurchdachtes, wenn auch
aus dem blossen Gesetzestexte nicht ganz leicht verständ-
liches Recht des gefahrlosen Erbschaftserwerbes geschaffen
worden, das der Justinianischen Regelung des beneficium inventarii durch höhere Rücksichtnahme auf die Gläubiger und auf die Erben überlegen ist. Das Eingreifen der
Obrigkeit in die Nachlassverwaltung ist hier für den Noth-
fall verwerthet worden, ohne in andern Fällen, in denen
es sich namentlich in Oesterreich als lästig erwiesen hatte,
sich den Betheiligten aufzudrängen.

Ein durchgreifender Umschwung hat sich bei dem Rechts-
verhältnisse der Miterben unter einander vollzogen (2032 ff.).
Die erste Lesung vertrat den Standpunkt des römischen
Rechts, das die Miterben nicht mehr und nicht länger an-
einander bindet, als es unbedingt nöthig ist. Hierdurch
wird den einzelnen Erben die Verwerthung ihrer Antheile
erleichtert und auch die Nachlassgläubiger können sich sogleich wenigstens zu einem Theile an jeden Miterben allein
halten. Dieses System wurde jedoch von mehreren Seiten
her angegriffen, insbesondere auch von dem Strassburger
Juristentage verworfen. Daher neigte sich die zweite Lesung
mehr den Grundsätzen des preussischen Rechtes zu, der
sog. Erbgemeinschaft zur gesammten Hand, die grundsätzlich die Sorge für eine angemessene Vertheilung der Masse
höher schätzt, als die Schnelligkeit der Verwerthung des
Nachlasses. Hierbei wurde vielleicht nicht genügend erwo-
gen, dass die Verzögerung im Verwerthen von Vermö-
gensstücken nicht blos die Betheiligten trifft, sondern auch

das Gesammteinkommen des Nationalvermögens mindert.
Ohne Rücksicht hierauf ist dem Miterben die Verfügung
über seinen Antheil an den einzelnen Nachlassgegenständen
versagt (2033), die Nachlassverwaltung nur als gemeinschaftliche gestattet (2038 ff.), die Haftung für die Schulden eine
solidarische (2058), ein Grundsatz, dessen Härte nur bis
zur Nachlasstheilung (2059) und nachher in einigen Aus-
nahmefällen (2060) gemindert ist. Das Hemmniss, das diese
Grundsätze der Erbschaftheilung bereiten, wird durch ein
gesetzliches gegenseitiges Vorkaufsrecht der Miterben wenigstens zum Theile gemildert (2034 ff.).

Die Nacherbfolge (2100 ff.) ist in der zweiten Lesung
ebenso, wie das Recht des Ehemanns am Frauengute und
das Recht des Vaters am Kindesgute der in der ersten
Lesung angeordneten Analogie des Niessbrauches entzogen
worden, da man annahm, dass eine derartige Behandlung
nur in einigen Fällen, nicht aber in allen, den Wünschen
des Erblassers entspreche. Dadurch sind mehrfache neue
Bestimmungen nöthig geworden. Der Schattenseite einer
jeden Einsetzung von Nacherben, die darin liegt, dass
jemand über unbekannte Verhältnisse nach seinem Tode
verfügt, hatte der erste Entwurf dadurch Rechnung getragen, dass er nur innerhalb einer Frist von dreissig Jahren nach dem Erbfalle die Einsetzung eines Nacherben gelten liess. Die zweite Lesung hat diesen guten Gedanken
zwar beibehalten, aber in casuistischer Weise verklausu-
lirt (2109).

Bei letztwilligen Auflagen soll die Unmöglichkeit der Erfüllung grundsätzlich nicht dem mit der Auflage Beschwer-
ten zu gute kommen, falls er die Unmöglichkeit vertreten
muss, z. B. sie verschuldet hat. Er soll dann demjenigen
verhaftet sein, dem sein Wegfall Vortheil bringen würde
(2196), eine Neuerung, die nur als Auslegungsregel gelten kann, jedenfalls aber einen guten Gedanken in sich
schliesst.

Bei den Vorschriften über Testamentsvollstreckung stand

die erste Lesung im Zwange der doctrinären Anschauung,
dass dabei eine Vertretung des Erben vorliege. Die zweite
gab diesen Gedanken Preis, erhöhte durchweg die Macht-
befugnisse des Testamentsvollstreckers und ermöglichte in
mehrfacher Hinsicht ihre weitere Steigerung über das ge-
wöhnliche Maass hinaus (2197 ff.).

Das holographische Testament war in der zweiten Lesung
nur für letztwillige Verfügungen von kleinerem Umfange
zugelassen worden; die Reichstagscommission hat es dagegen
dem öffentlichen Testamente gleichgestellt. Dem entsprechend
hat der Reichstag einen Grundsatz des französischen Rechtes
in das deutsche Gesetzbuch aufgenommen (2231, 2).

Gemeinschaftliche Testamente waren nach der ersten
Lesung unmöglich, durch die zweite sind sie den Ehegatten
gestattet worden (2265 ff.).

Alle diese Aenderungen des ersten Entwurfes, deren
Angabe übrigens auf Vollständigkeit keinen Anspruch macht,
ergeben, in welcher tief eingreifenden Weise die zweite
Lesung die Ergebnisse der ersten umgestaltet hat. Die
Leistungen der Commission sind aber deshalb um so aner-
kennenswerther, weil neben den berücksichtigten Abände-
rungsanträgen auch noch eine grosse Menge derartiger
Anträge durchberathen und nach sorgfältiger Prüfung zu-
rückgewiesen worden ist.

Die Aufgabe, die der Bundesrath übernahm, war eine
vornehmlich abwehrende. Auf seinen Anlass wurden mehrere
Vorschriften von zweifelhaftem Werthe beseitigt, z. B. die
Auflassung vor dem Notar, die neben der gerichtlichen in
der zweiten Lesung zugelassen worden war (925). Der wichtigste Eingriff des Bundesrathes betraf, wie schon oben
mehrfach erwähnt worden ist, das Vereinsrecht.

Im Reichstage war eine starke Strömung einer möglichst
unveränderten Annahme des Entwurfes ohne Commissions-
berathung nicht abgeneigt. Einzelne Theile, namentlich das
Vereins- und das Eherecht, hatten jedoch bereits innerhalb
weiter Volkskreise so viel Widerspruch gefunden, dass dies

Ziel nicht zu erreichen war. Die Reichstags-Commission
von 21 Gliedern, die demnächst unter dem Vorsitze des
zweiten Vizepräsidenten des Reichstages, Spahn, in 53
Sitzungen tagte und das Ergebniss ihrer Arbeiten durch
ihre Mitglieder Enneccerus (Professor in Marburg),
v. Buchka, Bachem und Schröder dem Reichstage
berichten liess, hat in kurzer Zeit viel geleistet. Es erklärt
sich dies daraus, dass sie Mitglieder in sich schloss, die
das Werk, um dessen Ausbesserung an einzelnen Stellen
es sich handelte, seit Jahren kannten. Ihre fast durchweg
vom Reichstage gebilligten Aenderungen sind zum grossen
Theile bereits im Vorstehenden erwähnt worden. Als besonders wichtige Neuerungen, die neben manchem andern
stehen, sollen noch die folgenden hervorgehoben werden.
Eine allgemeine Vorschrift (138, 2) entzieht jedem Sachwucher,
eine andere (226) jeder chikanösen Rechtsausübung die
civilrechtliche Kraft. Der Briefwechsel soll der durch Rechts-
geschäft angeordneten (nicht der gesetzlichen) schriftlichen
Geschäftsform genügen (127). Der regelmässige Zinssatz
wurde von fünf auf vier Prozent herabgesetzt (246). Die
Vorschriften, die aus Gründen der Menschlichkeit den aus
einem Dienstvertrage Verpflichteten gegen allzu ungünstige
Vertragsnormen zu sichern suchen, wurden erweitert
(617, 618). Leibrenten- und Bürgschaftsverträge sollen der
Schriftform bedürfen (761, 766), Differenzgeschäfte über
Waaren und Werthpapiere als Spiel gelten (764). Der Frauenbewegung gewährte man eine Mehrung des vormundschafts-
gerichtlichen Einflusses auf die Rechte des Ehemannes
(1358) und die Zulassung der Frauen zum Vormundschafts-
amte (1780, 1781, 1783), bei der übrigens das Recht
der Frauen zur Ablehnung dieses Amtes unverkürzt blieb
(1786, 1). In diesem Punkte wurden also die Wünsche der
Frauen auf „völlige Gleichberechtigung mit den Männern"
sogar überschritten.

Auch eine wichtige terminologische Aenderung war das
Werk der Commission. Aus dem „Hinterlegungsvertrage"

wurde die „Verwahrung" (688). Der neue Name kennzeichnet in treffender Weise die Auffassung, die der Entwurf von den Pflichten des Depositars hat.

Vom grössten Einflusse auf das Gelingen des Werkes war eine innerhalb der Commission zwischen der national-liberalen und der Centrums-Partei über die beiden wundesten Punkte der Reichstagsvorlage, das Vereinsrecht und das Eherecht, geschlossene Vereinbarung, bei der namentlich das bekannte Haupt der erstgenannten Partei v o n B e n n i g s e n thätig hervortrat. Das Centrum verfocht der Reichstagsvorlage gegenüber die Vereinsfreiheit und die Gegnerschaft wider die obligatorische Civilehe. Nunmehr begnügte es sich auf dem Gebiete des Vereinsrechtes mit einer minder starken Einschränkung der in der Vorlage der Staatsgewalt gegebenen Rechte, wogegen der Abschnitt über die Ehe auf seinen Wunsch die Ueberschrift „Bürgerliche Ehe" erhielt und ein neuer Titel beigefügt wurde, dessen einziger § 1588 lautet: „Die kirchlichen Verpflichtungen in Ansehung der Ehe werden durch die Vorschriften dieses Abschnitts nicht berührt." Es ist dies ein beachtenswerthes Beispiel für den Preis, der unter Umständen auch für eine lex imperfecta gezahlt wird.

Als die Vorlage an den Reichstag zurückgelangte, war die Jahreszeit bereits so weit vorgeschritten, dass von vielen Seiten der Wunsch laut wurde, eine endgiltige Entscheidung erst später zu treffen, wenn der Reichstag nach einer Vertagung sich wieder versammeln würde. Trotzdem drang die entgegengesetzte Meinung durch. Obwohl während der folgenden Debatten keine Schlussanträge gestellt wurden, so sind doch bittere Klagen darüber laut geworden, dass das Gesetzbuch „durchgejagt" oder „durchgepeitscht" worden sei Ob der durch solche Beschleunigung entstandene Schaden wirklich grösser ist, als der dadurch erreichte Vortheil, ist sehr zweifelhaft, wenn man bedenkt, dass ein sorgfältig gearbeitetes Gesetzbuch einem Räderwerke gleicht, dessen einzelne Theile in einander greifen, und von dem alle, die das Ganze nicht genau kennen, ihre Hand fern halten sollten. Dass eine solche Enthaltsamkeit in den agitatorischen Volksversammlungen, die in der Vertagungszeit einen Einfluss auf den Reichstag erstrebt haben würden, beobachtet worden wäre, wird wohl niemand behaupten können. Dazu kommt die unheimliche Rolle, die der Zufall bei Mehrheitsbildung spielt, da auch bei den wichtigsten Fragen nicht alle Reichstagsabgeordneten anwesend zu sein pflegen. Einmal musste sogar die Beschlussfähigkeit des Hauses lediglich nach den Hüten festgestellt werden, deren Eigenthümer sich zum grossen Theile durch die Anwesenheit des chinesischen Vicekönigs Li-Hung-Tschang im Reichstagsgebäude aus dem Sitzungssaale hatten herauslocken lassen [1]. So ist z. B. der Reichstagsbeschluss, nach dem die Söhne in Zukunft der väterlichen Zustimmung zur Ehe nicht mehr bedürfen sollen und die Töchter nur bis zum 21ten Jahre (1305), von vielen als Ergebniss einer Ueberrumpelung empfunden worden, und enthält ohne Zweifel eine weitere Lockerung des durch die neueren Verhältnisse ohnehin geschwächten Familienzusammenhaltes. Ebenso steht es ohne Zweifel mit der unvermeidlichen Schnelligkeit der parlamentarischen Debatten in Zusammenhang, dass es dem Centrum gelungen ist, die landesrechtlichen Schranken des Erwerbs der todten Hand für Gaben bis zu 5000 Mark (nach dem Commissionsbeschlusse bis zu 3000 Mark) zu beseitigen (Einführungsgesetz, Art. 86). Wenn man ferner bedenkt, welche eingehende Erwägungen auf Grund eines umfangreichen Materials zu einer wirklich soliden Gesetzgebungsarbeit gehören, so wird man den blitzartigen Einfällen, die in einer parlamentarischen Verhandlung überraschend hervortreten und oft genug zünden, eine berechtigte Scheu entgegenbringen dürfen. So wurde z. B. vom Reichstage nach dem Vorschlage der Commission ein guter

---

[1] *Die Reichstags-Session 1895 6,* herausgegeben vom Centralbureau der nationalliberalen Partei, Berlin 1896, Abschn. I, S. 317.

Gedanke des älteren deutschen Rechts (1969) neubelebt, ohne dass es möglich war, ihn bis zu einer Anpassung an die gegenwärtigen Verhältnisse durchzuarbeiten. Es ist dies ein Seitenstück des sog. Gnadenquartals der Beamten, das Recht des dreissigsten Tages für Familienangehörige, die im Hause eines Erblassers Wohnung und Unterhalt gefunden haben. Diese sollen beides dreissig Tage lang behalten. Hierbei hätte nun den Erben die Möglichkeit, statt der Wohnung eine Entschädigungssumme zu leisten, offen gehalten werden müssen Nunmehr können die dreissig Tage da, wo sie über den üblichen Vermiethungstermin hinausragen, den Verpflichteten einen Schaden zufügen, der zu dem Vortheile, den sie dem Berechtigten gewähren, nicht im Verhältnisse steht.

Wenn hiernach die Klippen, die dem Gesetzgebungsschiffe drohten, auf der letzten Strecke der Fahrt am Gefährlichsten waren, so darf doch dem deutschen Reichstage nicht die Anerkennung versagt werden, dass er eine Reihe bedenklicher Angriffe gegen bewährte Rechtsgrundsätze zurückgeschlagen hat. Die Vertheidigung der obligatorischen Civilehe insbesondere war freilich vor allem eine Folge der festen Haltung der Regierungen, die daran nicht rütteln liessen. Ausserdem wehrte der Reichstag den Wunsch einer Beseitigung des Pfandrechtes des Vermiethers und des Verpächters ab, desgleichen einer Umänderung des „Dienstvertrages" in einen „Arbeitsvertrag", bei der die Grenze zwischen Dienst- und Werkvertrag völlig verwischt worden wäre, ebenso den noch vor der Abstimmung zurückgezogenen Antrag auf Beseitigung der Grundschuld, ferner die begehrten weiteren Erleichterungen der Ehescheidung und der Eheschliessung, die gewünschte Streichung der exceptio plurium gegen die Unterhaltsansprüche unehelicher Kinder, die beantragte Beschränkung des Gattenerbrechtes, die Ausschliessung des Pflichttheilsrechtes für landwirthschaftliche und forstwirthschaftliche Güter u. a. m., also eine Menge von tiefgreifenden Erschütterungen, die unserer Gesellschaftsordnung

drohten. Andere wichtige Entscheidungen des Reichstags
sind schon oben gelegentlich erwähnt worden. Als eine
Neuerung, die von sozialdemokratischer Seite ausging, mag
noch erwähnt werden, dass der Mann der Mutter eines
unehelichen Kindes seinen Namen mit Zustimmung der
Mutter und des Kindes diesem soll ertheilen dürfen (1706),
offenbar, um den Makel seiner Abstammung nach aussen
hin zu verdecken.

Die abgewiesenen Anträge rührten zum grossen Theile
von Angehörigen der sozialdemokratischen Partei her, die
dann auch den Hauptbestandtheil der Minderheit von 48
Stimmen bildete, gegen deren Widerspruch das Gesetzbuch am 1ten Juli 1896 durch eine Mehrheit von 222
Stimmen angenommen worden ist.

Zugleich wurde auch das Einführungsgesetz genehmigt.
Weitere ergänzende Nebengesetze, namentlich Revisionen der
Civilprozess- und der Concursordnung sowie des Handelsge-
setzbuches, eine Reichs-grundbuchordnung und ein Zwangs-
vollstreckungsgesetz für Grundstücke sollen noch vor Ablauf
des Jahrhunderts vollendet werden und zugleich mit dem bürgerlichen Gesetzbuche in Kraft treten. Einige minder bedeu-
tende Abänderungen von Reichsgesetzen sind in das Einführungsgesetz aufgenommen worden. Dieses Einführungsgesetz enthält neben einigen allgemeinen Bestimmungen,
die den Anfang, und einer Reihe von Uebergangsbestim-
mungen die den Schluss bilden, vornehmlich eine Neu-
gestaltung des sog. internationalen Privatrechts, auch ein
Verzeichniss der Gebiete des bürgerlichen Rechtes, die besondern Reichsgesetzen und den Landesrechten verblie-
ben sind.

Bei der Bearbeitung der Grundsätze für die Anwendung
der in- oder ausländischen Rechtssätze auf auswärtige oder
inländische Ereignisse (dem sog. internationalen Privat-
rechte) fand sich noch als werthvoller Ueberrest der ersten
Lesung eine nicht mit dem Uebrigen veröffentlichte Bearbeitung vor. In diesem streitigen Gebiete machte selbst der

Name grosse Schwierigkeiten. Man musste sich mit ungenauen Bezeichnungen begnügen. Dass man nicht von einer Collision der Rechtssätze gesprochen hat, ist sicherlich zu loben; denn eine Collision liegt hier nur im Kopfe dessen vor, der darüber im Unklaren ist, welchen von mehreren Rechtssätzen er anwenden soll. Die erste Lesung sprach von der räumlichen Herrschaft der Rechtsnormen, obwohl die Geltungsgebiete, um die es sich dabei handelt, keine scharf umgrenzten Räume sind, sondern in demselben Raume mehrere Rechtssätze sich zusammenfinden. Die zweite Lesung redete von der Anwendung ausländischer Gesetze; dies war jedoch nicht erschöpfend, weil auch die Anwendung inländischer Gesetze auf Ereignisse und Zustände in ausländischen Gebieten geregelt wurde. Der Bundesrath, der diese Regelung des Geltungsumfanges des Rechtes, die als sechstes Buch des bürgerlichen Gesetzbuches veröffentlicht war, unter die „allgemeinen Vorschriften" des Einführungsgesetzes hinüberstellte, hat damit den gordischen Knoten der Benennungsfrage durchhauen. Es sollen übrigens dabei die Geltungsschranken des Rechtes nur dem Auslande gegenüber bestimmt werden, dagegen unter den aufrecht erhaltenen Deutschen Landesrechten offen bleiben [1]), obwohl der Wortlaut einzelner Bestimmungen (z. B. Art. 11) Zweifel erweckt.

Die Neuordnung dieses Zweiges hat eine gewisse Casuistik nicht entbehren können. Ein durchgreifender Grundgedanke für das Gebiet des Personenrechts ist die Ablehnung des noch immer vorherrschenden Territorialprincips, das den im Auslande wohnenden Inländer dem Ausländer gleichstellt und den im Inlande wohnenden Ausländer dem Inländer. Der Grundsatz des Entwurfes war vielmehr das Staatsangehörigkeitsprincip, abgeschwächt durch einige Ausnahmen (z. B. Art. 9, 2: Todeserklärung des Ausländers für sein inländisches Ver-

---

[1]) So berichtet Reatz, *die zweite Lesung*, II, S. 476, aus den Protokollen der Commission.

mögen; Art. 23: Bevormundung des ausländischen Mündels, für den der eigene Staat die Fürsorge nicht übernimmt). Dass das Staatsangehörigkeitsprincip den Ausländern nachtheiliger sei als das andere, lässt sich nicht behaupten. Beide Grundsätze haben vielmehr für den, den sie treffen, ihre Licht- und ihre Schattenseiten, wohl aber begünstigt das Territorialsystem die Verschmelzung der zusammenlebenden Angehörigen verschiedener Staaten, der Staatsangehörigkeitsgrundsatz verschärft dagegen ihre Absonderung. Das neue Gesetz entspricht daher der Verstärkung des Nationalbewusstseins, die als ein charakteristischer Zug der neueren Zeit die kosmopolitische Empfindungsweise früherer Geschlechter mehr und mehr zurückdrängt.

Ausserhalb des Personenrechtes erhielt sich der Satz: locus regit actum (Art. 11). Doch ist dies grundsätzlich für sachenrechtliche Geschäfte der Ort des Rechtsverhältnisses, um das es sich handelt, nicht der Ort des Geschäftsabschlusses; für die andern Rechtsgeschäfte dagegen der eine oder der andere.

Die schon erwähnte ziemlich umfangreiche Aufzählung der Rechtszweige die dem Landesrechte vorbehalten bleiben (Einführungsgesetz, Art. 56 ff.) ist im Reichstage eine „Verlustliste der Deutschen Rechtseinheit" genannt worden. In ihr finden wir das Wasserrecht, das Bergrecht und anderes, namentlich auch das Erbpachtrecht (Art. 63). Dieses sollte ursprünglich beseitigt werden; man hat es aber schliesslich doch noch beibehalten, ein Zugeständniss an die agrarische Bewegung, aus deren Mitte mehrfach Ausdrücke der Unzufriedenheit über den Entwurf laut geworden waren.

Alle diese Verluste der Einigungsbestrebungen bedeuten jedoch nichts gegenüber dem erzielten Gewinne. Allerdings ist jeder Gesetzesbuchstabe nur ein Programm. Auch Deutschlands Rechtseinheit steht zunächst nur auf dem Papiere. Einer gewaltigen Arbeit wird es bedürfen, um sie zur That zu machen. Die Folgen dieser grossen Rechtsumwälzung las-

sen sich nicht vorhersehen. Fraglich ist namentlich, ob der
erfreuliche Zusammenhang der deutschen Rechtswissenschaft
mit dem Auslande, dem auch dieser Aufsatz seine Ent-
stehung verdankt, dadurch geschmälert werden wird, dass
das römische Recht seine unmittelbare Geltung auf deut-
schem Boden verlieren soll. Wir dürfen jedoch annehmen,
dass der Werth der römischen Texte für die juristische
Bildung und für die Erläuterung der Geschichte des Rechtes
aller civilisirten Staaten so völlig ausser jedem Zweifel ist,
dass die Deutung ihres Inhalts auch in Zukunft gesichert ist.

Ueberdies wird durch die Herstellung eines einheitlichen
Deutschen bürgerlichen Rechtes die vergleichende Privat-
rechtswissenschaft einen gewaltigen Aufschwung nehmen.
Wenn sie hinter den andern Zweigen der Rechtsvergleichung
zurückgeblieben ist, so erklärt sich dies wohl vornehmlich
daraus, dass ihre Bestrebungen bisher Gefahr liefen, in der
grossen Masse der deutschen Sonderrechte zu ertrinken.
Somit wird Deutschlands Rechtseinigung weit über seine
Grenzpfähle hinaus wirken und der freundnachbarlichen
Theilnahme nicht unwürdig sein.

www.ingramcontent.com/pod-product-compliance
Lightning Source LLC
Chambersburg PA
CBHW021548270326
41930CB00008B/1406